„Die Stadt Dresden gehört ...
unter die vorzüglichsten Städte
Deutschlands ...
Sie liegt in einem anmutigen
Tale, durch welches die
majestätische Elbe strömt und
das teils von Anhöhen,
die mit Wäldern bekränzt sind,
teils von den reizendsten und
fruchtbarsten Weingebirgen
eingeschlossen wird ...“

Karl Wilhelm Daßdorf,
1786-1812
Leiter der Kurfürstlichen
Bibliothek

Christel Foerster

Dresden

für die Westentasche

VERLAG FÜR DIE FRAU
BUCH

Seite 2: Hofkirche und Residenzschloss
mit Hausmannsturm

ISBN 3-89798-136-X

Fotos/ Abb.: Punctum Fotografie GmbH,
Leipzig (Titel, S. 2, 13, 17, 23, 71, 74/75,
79, 101, 109, 118/119),
Renate und Roger Rössing
(S. 27, 53, 60/61, 87, 93, 95, 106/107)
Harald Lange: (S. 123)
Einband und Typografie:
Christine Paxmann, München
Reproduktion und Satz:
J-J-Design
Druck: Klingenberg Buchkunst Leipzig
Bindearbeiten:
Müller Buchbinderei GmbH Leipzig

Printed in Germany
www.buchverlag-fuer-die-frau.de

Inhalt

Der Untergang

„Ja, Dresden war eine wunderbare Stadt... Jahrhunderte hatten ihre unvergleichliche Schönheit geschaffen. Ein paar Stunden genügten, um sie vom Erdboden fortzuhexen. Das geschah am 13. Februar 1945."

Erich Kästner

Dresden – Landeshauptstadt des 1990 wiedergegründeten Freistaates Sachsen, 800 Jahre alt, vom großen Johann Gottfried Herder aus Weimar 1803 „deutsches Florenz" genannt (woraus dann „Elbflorenz" wurde), immer von arbeitsamen, an neuer Wissenschaft und Technik interessierten, kunstliebenden, zumindest 1849 und 1989 aufmüpfigen und sächsischsprechenden „Normalbürgern" bewohnt – dieses Dresden schien gestorben in jener Februarnacht 1945.

Auf die Frage, ob Luftangriffe zu erwarten seien, war den Dresdnern immer wieder gesagt worden: „Nein, wieso? Dresden passiert nichts." Und fast alle glaubten es gern. Übermäßig beunruhigt waren sie auch noch nicht, als dann wirklich die ersten Bomben fielen – am 7. Oktober 1944 rings um den Wettiner Bahnhof (heute: Bahnhof Mitte) und am 16. Januar 1945 auf die Neustadt – und mehrere hundert Menschen zu Tode kamen.

Auf den 13./14./15. Februar 1945 war hier niemand vorbereitet – ausgenommen der unweit des Großen Gartens wohnende Martin Mutschmann, Reichsstatthalter und Reichsverteidigungskommissar für Sachsen, und vielleicht tausend andere führende Nazis. Nicht einmal richtige Luftschutzkeller waren errichtet worden. Die Stadt war überfüllt mit Flüchtlingen, Evakuierten, Soldaten, Verwundeten. So hatten von den etwa 1,2 Millionen Menschen, die sich am kalten 13. Februar 1945, dem Fastnachtstag, in Dresden aufhielten, Tausende überhaupt keine Chance während der beiden britischen Nacht-

DER TOD VON DRESDEN
GEMÄLDE VON WILHELM LACHNIT

und der beiden folgenden amerikanischen Tagesangriffe. Mindestens 35 000 Menschen starben. Die Stadt Dresden gab es nicht mehr. Hier lagen jetzt 18 Millionen Kubikmeter Schutt. Der letzte Bombenangriff (16. April) brachte noch den endgültigen Ausfall von Hauptbahnhof und Rangierbahnhof Friedrichstadt.

Am 7. Mai, als die Rote Armee bereits Dresden-Neustadt erreicht hatte, sprengte die SS, was „den Feind" doch noch aufhalten könnte: 221 Eisenbahnbrücken im Dresdner Direktionsbereich und die Dresdner Elbbrücken. Erhalten blieben nur die nicht für die Zerstörung vorgesehene Autobahnbrücke und das „Blaue Wunder". Das „Blaue Wunder" überlebte, weil zwei Dresdner – unabhängig

voneinander – die Sprengschnüre zerschnitten, beide konnten entkommen.
Aber zwei andere Dresdner wurden noch Opfer der SS. Am 8. Mai gingen Hermann Eckardt und der Arzt und Sozialhygieniker Professor Rainer Fetscher als Parlamentäre den sowjetischen Truppen entgegen. Und wurden hinterrücks erschossen auf der Prager Straße.

Dresdner Witz 1943, mitgeteilt von Rainer Fetscher: „Wer zehn neue Leute für die Partei wirbt, darf aus der Partei austreten; wer ihr zwanzig neue Leute zuführt, erhält eine Bescheinigung, daß er ihr nie angehört hat.“

(notiert von Viktor Klemperer; 1881-1960, seit 1920 in Dresden)

Das neue Dresden

- Kleine Statistik -

„Übrigens der Stadtbezirk Pieschen wird so gesprochen:
Pie–schen, und eben nicht Pies–chen, wie uns bayrische Besatzungs-Moderatoren weismachen wollen."

Uwe Steimle, Dresdner Kabarettist und Schauspieler

Auf einer Fläche von 328,30 km^2 lebten 2004 477 653 Einwohner in Dresden; darunter sind 17 545 (vier Prozent) Ausländer.

DRESDNER WORLD TRADE CENTER

Die aus Altstadt, Neustadt, vielen Vorstädten und umliegenden Dörfern zusammengewachsene „Landeshauptstadt Dresden“ ist heute in zehn Ortsämter und neun Ortschaften gegliedert.

Das flächenmäßig größte Ortsamt ist Loschwitz (mit Weißer Hirsch), auf dessen 68,84 km² wohnen aber nur 268 Einwohner/km²; im 14,48 km² großen Blasewitz, dem bevölkerungsreichsten Ortsamt, wohnen hingegen 5 303 Einwohner/km².

Von den 1 034 ha Grünflächen und Erholungsanlagen sind 697 ha öffentliches Grün.

Unter den Kultureinrichtungen sind 37 Museen, acht Theater und Kabaretts, neun z.T. weltweit bekannte Orchester und Chöre, außerdem bedeutende Archive und Bibliotheken, darunter das Sächsische Hauptstaatsarchiv.

2004 waren rund 37 000 Studenten immatrikuliert, davon 33 000 an der Technischen Universität.

Das Tal der Ahnungslosen

„Als wären wir da unten wirklich so ahnungslos gewesen, als wir kein Westfernsehen hatten und sich jeder seinen Teil noch selber denken mußte."

Thomas Rosenlöcher

Der Altmarkt liegt 113 m über NN, die höchste Erhebung hat Dresden in Wachwitz, hier erhebt sich 230 m über NN der 252 m hohe Fernsehturm (Aussichtsplattform 148 m, Sicht bis

Blick über Loschwitz
und das Blaue Wunder

zu 60 km). Eröffnet wurde er im Oktober 1969 – pünktlich zur DDR-Jubelfeier und pünktlich zur Eröffnung des „Zweiten Ost". „Frequenzlöcher" verhinderten aber weiterhin den Empfang von ARD und ZDF, und weil das in der ganzen Region so war, sprachen mitleidige Seelen vom „Tal der Ahnungslosen".

Einheimische übersetzten die Abkürzung ARD sehr gelassen mit Außer Raum Dresden.

Leben ohne Westfernsehen?

„Ach na ja, man hat damit gelebt, man kannte es ja nicht anders."

„Man hatte das Gefühl, etwas zu verpassen."

„Ich bin unendlich viel häufiger ins Kino gegangen als meine Bekannten in Eisenhüttenstadt..."

„Ich habe es bedauert, kein Westfernsehen sehen zu können. Im nachhinein muß ich sagen, wenn das so schlecht war wie jetzt, dann habe ich gar nicht so viel verpaßt."

Aus: Hans-Jörg Stiehler, Leben ohne Westfernsehen, 2001

Stadt am Fluss – die Elbe

„Die Brücke von Prag ist die breiteste, die Brücke von Regensburg ist die stärkste, die Brücke von Dresden ist die schönste."

Zeitgenossen über die Augustusbrücke

Zwischen Quelle und Mündung legt die Elbe einen Weg von 1156 km zurück, davon entfallen 30 km auf das Stadtgebiet von Dresden, das sie, durchschnittlich 115 m breit, in drei weiten Bögen durchquert. Zum Teil wird die Elbe in Dresden von steilen Hängen begleitet, im Stadtzentrum aber von breiten, Überschwemmungen aufnehmenden Grünflächen, den Elbwiesen. Nur im Bereich der Brühlschen Terrasse, dem alten Festungswall, können sich extreme Hochwasser nicht ausbreiten, weshalb sie hier immer zuerst sichtbar werden.

Pegelstände werden seit 1775 beobachtet – immer vom Altstädter Pfeiler der Augustusbrücke aus. Steigt der Pegel auf 4,70 m, wird die Schifffahrt eingestellt, bei 5,50 m wird die Straße am Terrassenufer gesperrt. Auch das Hochwasser von 1890 (8,37 m) setzte den Zwingerhof unter Wasser. Am 17. August 2002 wird morgens gemeldet: „Der Elbspiegel in Dresden liegt jetzt bei 9,40 m.“ Es war der höchste hier gemessene Wasserstand. Niemand wird die Flut des Sommers

2002 vergessen. Dass sie auch Dresden in eine Wasserwüste verwandelte, auch hier großes Leid und hohe materielle Schäden verursachte, lag aber nicht nur an der Elbe. Die aus dem Osterzgebirge der Elbe zufließende Weißeritz war ebenfalls übervoll, vor allem bahnte sie sich im Stadtgebiet ihr altes, nach 1893 von Menschenhand verlegtes Bett.

Elbbrücken

Auf ihrem Weg zur Nordsee trifft die Elbe in Dresden auf acht Brücken. Zuerst auf das „Blaue Wunder", nach dem Farbanstrich benannt (offiziell Loschwitzer Brücke), 1893 eingeweiht. Dann folgen Albertbrücke

ELBBLICK ZUR BRÜHLSCHEN TERRASSE

(1875/ 79), Carolabrücke (1812/ 95) und Augustusbrücke, 1275 erstmals erwähnt. Letztere hieß 1945-1990 Georgi-Dimitroff-Brücke. Danach kommen Marienbrücke, Marienbrücke II und die im 20. Jahrhundert erbauten Flügelweg- und Autobahnbrücke.
Die neunte Dresdner Elbbrücke soll Waldschlösschenbrücke heißen und den Strom zwischen Blauem Wunder und Albertbrücke überqueren; schon seit 1860 geplant, neuerdings Streitobjekt zwischen Romantikern und Autofahrern.

Elbhafen

Die Elbe blieb auch Jahrzehnte nach Beginn des Eisenbahnzeitalters Dresdens wichtigste und wirtschaftlichste Verkehrsader. Und deshalb entstand

1890/95 in der Friedrichstadt der 42 ha große König-Albert-Hafen (heute: Alberthafen). Dampfkräne bestimmten bis 1934 das Hafenbild, später elektromechanische Umschlaganlagen, 1971 begann – in der DDR ganz neu – der Containerverkehr.

Dampfschifffahrt

Das größte Vergnügen – für den Einheimischen wie für den Fremden - bereitet natürlich eine Fahrt mit Dresdens stolzer Raddampferflotte – sie ist die älteste der Welt. 1836 begründet, lief die „Königin Maria" im Jahr darauf als erstes Schiff zur Jungfernfahrt aus. Anfangs diente sie auch der Güterbeförderung, aber schon seit Jahrzehnten nur noch dem Ausflugsverkehr – elbab (z.B. nach

Meißen), elbauf (z.B. nach Bad Schandau und von dort ins tschechische Děčin).

Elbschlösser

werden die drei prächtigen Gebäude genannt, die sich etwa 50 m über dem rechtselbischen Ufer erheben.
Dem Stadtzentrum am nächsten *Schloss Albrechtsberg*. Den Namen hat es von seinem Bauherrn, dem preußischen Prinzen Albrecht (Bruder von Friedrich Wilhelm IV. und Wilhelm I.), der das Schloss 1851/54 im Stil des Historizismus errichten ließ.
Daneben das *Lingner-Schloss*. Als Villa Stockhausen entstand es gleichzeitig mit Albrechtsberg. 1906 erwarb es

SCHLOSS ALBRECHTSBERG

Karl August Lingner, Dresdens bedeutendster Unternehmer und Philanthrop, und seitdem nennt es jedermann Lingner-Schloss; 1916, nach Lingners Tod, kam es in städtischen Besitz.
Im Tudorstil errichtet das dritte: *Schloss Eckberg;* heute Hotel.

Das Dresdner Elbtal, die in Jahrhunderten gewachsene Harmonie zwischen kunstvoller Stadtarchitektur und natürlicher Flusslandschaft, erhielt 2004 den Adelstitel der Unesco: Weltkulturerbe.

Die Dresdner in Zahlen

„Daß die Sachsen sind, was sie sind, verdanken sie nicht ihrer 'Gemütlichkeit', sondern ihrer Energie."
Theodor Fontane, 1842/43 in Dresden

1485: zählt man hier 470 Gebäude und knapp 4500 Einwohner;
1699: 21 298 Einwohner – beim Tod August des Starken 1733, wohnen fast 50 000 Menschen in der Stadt;
1800: hat Dresden 48 742 Einwohner, davon 18 963 in Altendresden, der späteren inneren Neustadt;
1850: 104 199 Einwohner;

1900: 396 146 Einwohner;
1918: am Ende der Monarchie in Sachsen 525 000 Einwohner;
1933: am Ende eines 1921 begonnenen Eingemeindungsprozesses, erreicht Dresden die größte Einwohnerzahl seiner Geschichte: 649 252;
Ende 1945: 454 249 Einwohner;
1985: im Jahr der Wiedereröffnung der Semperoper 520 000;
1989 „Das Ministerium für Staatssicherheit ermittelte im ersten Halbjahr 1989 den Abgang von 18 182 Dresdner Bürgerinnen und Bürgern, die meisten in den Altersgruppen von achtzehn bis vierzig Jahren."
(Wolfgang Berghofer)

SCHLOSSSTRAßE MIT RESIDENZSCHLOSS, IM HINTERGRUND DIE HOFKIRCHE

Wie Dresden entstand

„Alle Reizungen der Natur haben gleichsam diese Stadt in ihren Schoß aufgenommen."

Benjamin Gottfried Weinart, 1777

Das klimabegünstigte Dresdner Elbtalbecken ist uralter Siedlungsraum. Sesshaft wurden aber erst die seit dem 6. Jahrhundert aus dem Osten einwandernden slawischen Stämme. Sie ließen sich zunächst am rechten Ufer der Elbe nieder und betrieben Ackerbau. Die Natur wollte es so, dass der Fischfang auf der anderen Fluss-

seite bessere Chancen hatte, und deshalb entstand dort schon bald eine kleine Fischersiedlung.
Die Unterwerfung der Elbslawen und die Gründung der Mark Meißen (929) durch König Heinrich I. brachte die Dresdner Gegend unter deutsche Herrschaft, im Tafelgüterverzeichnis des Königs Heinrich II. erschien sie im Jahre 1004 als slawischer Gau Nisan/Nisane/Nisani (Niederung) – und in dieser Niederung liegen die Anfänge Dresdens, dessen Name auf das slawische drežga = Sumpfwald zurückgeht.
Mit Heinrich I. (dem Memlebener und in Quedlinburg Bestatteten) kam auch die Sachsenherrschaft hierher, denn er entstammte dem ursprünglich im heutigen Niedersachsen und

GRUNDRISS
von
DRESDEN
Leipzig
bey Schreibers Erben
Friedrichsstadt

ELB STROM

nördlichen Sachsen-Anhalt ansässigen germanischen Volksstamm der Sachsen (deren Name sich von ihrem typischen Kurzschwert Sax ableitet). Allerdings bürgerte sich der Name Sachsen (statt Markgrafschaft Meißen) erst im 15. Jahrhundert ein.

Im Jahre 1089 belehnte Kaiser Heinrich IV. erstmals einen Wettiner mit der Mark Meißen. Heinrich von Eilenburg hieß er, entstammte dem sächsischen Grafengeschlecht, das sich nach seiner Burg Wettin an der Saale (stromabwärts von Halle) nannte.

829 Jahre, und damit länger als jede andere deutsche Dynastie, regierten die Wettiner, als Markgrafen, Herzöge, Kurfürsten und Könige.

DAS KRONENTOR DES ZWINGERS
ZEICHNUNG VON ADOLPH VON MENZEL

Der Gau Nisan mit dem späteren Dresden fiel erst 1144 an die Mark Meißen. Markgraf Konrad der Große, der erste Wettiner in Dresden, führt deshalb zu Recht den „Fürstenzug" am Langen Gang des Stallhofes an.
In der geschriebenen Geschichte erscheint der Name Dresdens erstmals in einem von Markgraf Dietrich am 31. März 1206 unterzeichneten Rechtsurteil – das Datum für alle Dresdner Jubelfeste ist also zuverlässig auszurechnen. Aber auch in der Urkunde von 1216, die Dresden bereits als Stadt nennt, ist nur die Ansiedlung am linken Elbufer gemeint. Die ältere Siedlung, rechts der Elbe, erhielt wohl erst um 1370 ihren Namen Altendresden, Stadtrecht 1403.

Markgraf Konrad der Große (um 1098-1157) auf dem Fürstenzug-Fries. Regierte 1123-1156

Blick von der Kreuzkirche
über den Altmarkt, nach 1915

Dresden, das linkselbische also, entwickelte sich – direkt neben dem slawischen Fischerdorf – im Schutz der auf dem Taschenberg angelegten Burg zur deutschen Kaufmanns- und Handwerkerstadt mit (Alt-)Markt, St. Nikolai (einem Vorgängerbau der Kreuzkirche), mit Brücke über die Elbe, mit sichernder Stadtmauer (seit 1299) und Franziskanerkloster (aus der die Sophienkirche beim Zwinger hervorging). Die schon um 1100 entstandene Marienkirche (Vorgängerbau einer späteren Frauenkirche) befand sich bis zur Reformation außerhalb des Walls.

Zur Frühgeschichte gehörten natürlich Stadtrechts- und Stadtsiegelverleihung, Bürgermeisterwahl und die Gründung von Zünften.

Dresdner Wappen 1897, Schildwappen im Rokokostil. Um 1500 entstanden, zeigt es in goldfarbenem, gespaltenem Schild die beiden ältesten wettinischen Herrschaftswappen: vorn den schwarzen markmeißnischen Löwen, hinten zwei Landsberger Pfähle – diese sind im Unterschied zum Original (und auch zu den blau tingierten Pfählen in den Stadtwappen von Chemnitz und Leipzig) schwarz.

Residenzstadt

„Herrlich", sprach der Fürst von Sachsen, „ist mein Land und seine Macht; Silber hegen seine Berge wohl in manchem tiefen Schacht."

Justinus Kerner, 1818

Von besonderer Bedeutung für die bisher nicht gerade bemerkenswerte wirtschaftliche Entwicklung der Stadt erwies sich das 1455 erteilte Niederlagerecht für Waren, die nach Böhmen gingen. Es verpflichtete alle von Sachsen nach Böhmen ziehenden Kaufleute, ihren Weg über Dresden zu

Frachtschiffe am Pieschener Ufer

nehmen und hier ihre Waren zum Verkauf anzubieten. Dadurch konnte Dresden schon bald Pirna, den bisherigen Stapelplatz für den Elbhandel, überflügeln.

Das Jahr 1485 markiert einen bis heute fortwirkenden tiefen Einschnitt in der sächsischen Landesgeschichte,

zugleich ist es aber auch ein wichtiges Datum in der Stadtgeschichte.
Die wettinischen Brüder Kurfürst Ernst und Herzog Albrecht begingen den (auch schon aus damaliger Sicht) verhängnisvollen Fehler, ihr Territorium unter sich aufzuteilen („Leipziger Teilung"). Daraus entwickelte sich die ernestinische und die albertinische Linie des Herrscherhauses; die sächsische Kurwürde verblieb zunächst bei den Ernestinern.
In diesem Jahr 1485 verlegte Herzog Albrecht („der Beherzte") seine Residenz von Meißen nach Dresden – und sie blieb hier bis Ende 1918. Für Dresden war es also ein gutes Datum. Denn wo man regiert, wird meist auch gebaut, kommt die Wirtschaft voran, entwickeln sich die Künste.

Architektur und Kunst – Anfänge

„Blühe deutsches Florenz mit deinen Schätzen der Kunstwelt!"

Johann Gottfried Herder, 1802

Im Bauwesen erlebte die Residenz zunächst eine Renaissanceperiode. Unter Herzog Georg I. (1471-1539) und unter den Kurfürsten Moritz (1521-1553), August (1526-1586) und Christian I. (1560-1591) wurde die Stadtbefestigung ausgebaut, das Zeughaus entstand, die einstige Burg wurde zum Schloss erweitert und im Westflügel ließ Kurfürst August eine

Kunstkammer anlegen – die Keimzelle der Dresdner Kunstsammlungen; eine Cantorei „an unserm Hoffe", Vorgängerin der Sächsischen Staatskapelle, gibt es seit 1548.

Wirtschaftlichen Aufschwung nahm Dresden durch die 1549 verfügte Eingemeindung der Nachbarstadt Altendresden. „Es sollen hinführo beide Städte eine Gemeinde, ein Regiment und eine Stadt sein", schrieb Kurfürst Moritz.

Sein Bruder und Amtsnachfolger August, den die Nachwelt „Vater August" und „fürstlicher Staatswirt" nannte und der den bis zur Selbstaufgabe dienenden Beamten in Dresden und ganz Sachsen einführte, förderte vor allem die Landwirtschaft und auch den Weinanbau im Elbtal.

Augusteisches Zeitalter

„Die Stadt Dresden scheinet gleichsam nur ein bloßes Lustgebäude zu seyen, worinn sich alle Erfindungen der Baukünste angenehm miteinander vermischen…"

Johann Michael von Loen, 1718 in der Stadt

Loen, der Schriftsteller, Jurist und Großonkel Goethes, besuchte Dresden zur Zeit des Herrschers, den man nach seinem Tod „August der Starke" nannte, auch „sächsischer Sonnenkönig", der aber nie sächsischer König, sondern „nur" Kurfürst von Sachsen war – König nur in Polen. Richtig nennt man ihn also Friedrich August I. Kurfürst von Sachsen / August II. König von Polen, 1670 geboren, Regierungszeit 1694-1733. Sein Sohn und Amtsnachfolger war Friedrich August II. Kurfürst von Sachsen/ August III. König von Polen, 1696 geboren, Regierungszeit 1733-1763.

Barockstadt

In der Regierungszeit beider Kurfürsten – auch „Augusteisches Zeitalter" genannt, wurde Dresden zur europäischen Barockstadt schlechthin. Dem Vater verdanken wir den Zwinger, zahlreiche Palais, die Anfänge der

AUGUST DER STARKE
GEMÄLDE VON LOUIS DE SILVESTRE, 1718

Bährschen Frauenkirche, das heutige Gesicht der Schlösser Moritzburg und Pillnitz, die Anlage der Neuen Königstadt (an der Stelle des 1685 fast abgebrannten Altendresden) und natürlich die Vermehrung der Kunstschätze – darunter das legendäre Grüne Gewölbe.

Nicht mehr unter seinen Baumeistern war Wolf Caspar von Klengel (1630-1691), der eigentliche Begründer des Dresdner Barock (und Zeichenlehrer Augusts des Starken). Die von ihm hinterlassenen Baupläne für die Neustadt wurden jedoch verwirklicht.

Augusts wichtigster Architekt war Matthäus Daniel Pöppelmann (1662-1736), dessen Name nicht nur mit

WALLPAVILLON DES ZWINGERS

dem Zwinger, sondern mit den meisten Barockbauten der Stadt verbunden ist, der außerdem das Baugeschehen in ganz Kursachsen beeinflusste; bestattet ist er in der von ihm erbauten, aber so nicht erhaltenen Matthäuskirche.

Wie gewonnen, so zerronnen...

Beide Herrscher, Vater und Sohn, beschäftigten eine Vielzahl von Künstlern, deren Namen der Welt durch ihr Werk erhalten blieben. Darunter die Architekten Zacharias Longuelune, Jean de Bodt und Johann Christoph Knöffel, der Bildhauer Balthasar Permoser, der Hofgoldschmied Johann Melchior Dinglinger und der Orgelbauer Gottfried Silbermann (1683-1753).

Die Orgel für die Dresdner Hofkirche war sein letztes Werk. Da der Alte Johannisfriedhof vor dem Pirnaischen Tor, auf dem er seine letzte Ruhestätte hatte, 1861 eingeebnet wurde, blieb von Silbermann kein Grab.

Dresden, ganz Kursachsen, verdankt August dem Starken nicht nur die Einführung des Gregorianischen Kalenders (per 1. Januar 1700) und nicht nur blühende Künste, sondern auch wirtschaftlichen Aufschwung, u.a. durch ein verbessertes Straßen- und Postwesen, durch die Gründung von 26 Manufakturen (darunter die Meißner Porzellanmanufaktur) und durch die Förderung des Obstbaues. Freilich gab er das von den Untertanen erarbeitete Geld auch mit vollen Händen aus ...

August und die Frauen

„Als er starb, berechnete man, dass er von seinen Mätressen 354 Kinder gehabt habe…"

August war verheiratet mit Christiane Eberhardine von Brandenburg-Bayreuth; aus dieser Ehe stammte als einziges Kind der schon genannte Friedrich August II. Eberhardine war streng protestantisch und blieb es, als ihr Ehemann, der polnischen Krone wegen, zum Katholizismus übertrat. Dass der evangelisch erzogene Sohn konvertierte (wegen seiner Hei-

ANNA CONSTANTIA VON COSEL(1680-1765),
GEB. VON BROCKDORF, GESCH. VON HOYM,
1705-1712 MÄTRESSE AUGUSTS DES STARKEN.

rat mit einer Habsburgerin), verwandt sie nie. – Eberhardine liebte ihren August, wohnte aber kaum in Dresden, sondern in Pretzsch bei Torgau. Als sie 1727 in der Pretzscher Stadtkirche beigesetzt wurde, waren weder ihr Mann noch der Sohn zugegen.

Die Mätressen? Sie waren keine heimlichen Geliebten. „Ihre Stellung verstand sich als Hofamt – ohne freilich in den Akten des Hofmarschallamtes mit Namen und Titel zu erscheinen" (Karl Czok), einige hatten sogar engere Beziehungen zur Ehefrau.

Wir kennen fünf, sie brachten acht Kinder des Kurfürsten lebend zur Welt.

Überliefert ist auch: August der Starke war 1,76 Meter groß, hatte 1712 mit 121,4 kg sein höchstes Gewicht und war seit etwa 1725 zuckerkrank.

Schattenmann mit Kunstverstand

Friedrich August II. blieb als Staatsmann im Schatten des berühmten Vaters, das Regieren überließ er gleich nach der Thronbesteigung Heinrich Graf von Brühl (1700-1763), dessen Name aber schon zu Lebzeiten für Skrupellosigkeit, persönliche Bereicherung, Verschwendungssucht und Misswirtschaft stand. Gekennzeichnet war die „Ära Brühl" aber vor allem durch außenpolitisches Lavieren, das zu den Schlesischen Kriegen (1740/42 und 1744/45) und im Siebenjährigen Krieg (1756/63) zum

Wasserpalais Pillnitz

wirtschaftlichen Ruin ganz Sachsens und auch zur Besetzung Dresdens führte.

In die Geschichte der Elbmetropole ging der Kurfürst jedoch auch durch den von ihm betriebenen Bau der Hofkirche, vor allem durch die Vermehrung der Kunstsammlungen ein. 1753/54 erwarb er das bis heute berühmteste Gemälde Dresdens, Raffaels „Madonna von San Sisto, genannt die Sixtinische Madonna". Und er holte Canaletto an seinen Hof. Bernardo Belotto (1721-1780), genannt Canaletto, malte Veduten (also topografisch und sozial getreue Ansichten einer Stadt, einer Landschaft) von Dresden, Pirna, Königstein, für die er sich des technischen Hilfsmittels der camera obscura

DRESDEN VOM RECHTEN ELBUFER
CANALETTO, 1748

bediente. Und er fertigte Repliken (Wiederholungen von eigener Hand) seiner Motive. – Alles von unglaublicher Schönheit und so genau, dass seine großformatigen Veduten für den Wiederaufbau Dresdens (z.B. der Frauenkirche) zur verlässlichsten Quelle wurden.

Aus Kurfürsten werden Könige

„Ein solcher Hof ist, wie manche sich die Sonne denken, äußerlich weithin leuchtend, innerlich dunkel und still."

Carl Gustav Carus (1789-1869; Mediziner, Königlicher Leibarzt, Maler)

Nach der vernichtenden Niederlage der preußisch-sächsischen Armee bei Jena und Auerstedt (14.10.1806) wurde Sachsen, auch Dresden, von den Franzosen besetzt. Es kam aber

NAPOLEON UND KÖNIG FRIEDRICH AUGUST IM OSTRAGEHEGE 1813

auch zum Separatfrieden zwischen Frankreich und Sachsen, in dessen Folge Sachsen u.a. dem von Napoleon gegründeten Rheinbund beitrat und dafür belohnt wurde – der Sieger erhob das bisherige Kurfürstentum zum Königreich. Die Ausrufung erfolgte am 20. 12. 1806, 15 Uhr. Und sofort legte ganz Dresden ein Festkleid an.

Niemand ahnt an diesem Tag, dass Dresden schon bald ein einziges Schlachtfeld, der gerade zum König Beförderte preußischer Kriegsgefangener und dass Sachsen 1815, nach dem Spruch der Sieger der Völkerschlacht, nur noch knapp halb so groß wie bisher sein wird.

Bis zur Abdankung im November 1918 regierten noch sieben Könige von Dresden aus das Land. Als im November 1918 auch in Dresden die Republik ausgerufen wurde, soll der letzte Wettiner Monarch Friedrich August III. (gestorben 1932 im Exil auf seinem Schloss Sibyllenort bei Breslau) bei der Unterzeichnung der Abdankungsurkunde gesagt haben: „Na, da machd eiern Dreck alleene!" – Bis 1933 wurde Sachsen von sechs sozialdemokratischen und zwei bürgerlichen Ministerpräsidenten regiert. Dann regierte Martin Mutschmann, der schon seit 1924 NSDAP-Gauleiter in Sachsen war, als „Reichsstatthalter" im Ständehaus an der Brühlschen Terrasse. –

Trotz des unsagbaren Leids, das die NS-Herrschaft bis zum letzten Tag über Dresden brachte – auch hier war am Ende des Krieges unendliche Hoffnung. Es konnte jetzt nur besser werden. Wurde es auch, aber doch nicht so, wie erhofft. Manch einer wurde bitter darüber. Manch einer ging außer Landes. Manch einer nahm seinen Weg von der Kreuzkirche zum Theaterplatz und stellte dort fest, wie viele andere auch dorthin gekommen waren – im Herbst '89, der Hoffnung wegen.

Industrie und Verkehr

„Das Geld, welches im Umlauf ist, wird größtentheils durch die bürgerliche Industrie in Bewegung gesetzt…"
Kaspar Riesbeck, 1784 Reisender in Dresden

Das Industriezeitalter Dresdens begann mit Johann Andreas Schubert und der von ihm 1836 gegründeten Maschinenbauanstalt Übigau. Hier baute er den ersten sächsischen Raddampfer, vor allem aber die legendäre erste deutsche Lokomotive „Saxonia". Mit Eröffnung des Eisenbahnverkehrs (zuerst 1839 nach Leipzig) entstanden mehrere Strecken und Bahnhöfe, die 1890/1901 die Königlich – Sächsische Staatseisenbahn bildeten.

Der Flughafen Dresden – Klotzsche wurde übrigens 1934/35 angelegt.

Hof und Stadtbehörden widersetzten sich lange Zeit der „Verschandelung" des Stadtbildes durch Industrieanlagen. Noch Ende des 19. Jahrhunderts bestimmten Ortsgesetze und Bebauungspläne, dass Fabriken in der Hauptsache in den westlich gelegenen Vorstädten errichtet werden sollten. Arbeiterwohnungen natürlich auch nur in Vorstädten – Herbert Wehner (1906-1990) wuchs in solchen Wohnungen im Stadtteil Striesen auf.

DIE „TABAKMOSCHEE" YENIDZE

YENIDZE

Sächsischer Erfindungsgeist

Zur Gründung eines Unternehmens gehört natürlich Geld – „solide Finanzierung" versprach u.a. die 1872 von Eugen Gutmann, „Banquier 32 Jahre alt", und siebzehn anderen Herren gegründete Dresdner Bank.

Es war aber nicht das Geld allein, das Dresdens Wirtschaft wachsen ließ, sondern auch die unternehmerische Freude, neue und zugleich praktische Produkte herzustellen. Manche von ihnen wurden hier sogar erfunden.

Schon 1820 stellte der Arzt und Apotheker Struve das erste künstliche Mineralwasser her.

1855 begann in Dresden die deutsche Nähmaschinenindustrie (u.a. Seidel & Naumann). 1881 gab es für einen Erfinder erste Patente für Zigarettenstopfmaschinen. Wenig später stellte die 1882 gegründete Firma Teekanne den ersten Teeaufgussbeutel der Welt, um die Jahrhundertwende Paul Gustav Leander Pfund als erster in Deutschland Kondensmilch her. Karl August Lingner produzierte das Mundwasser Odol, Frau Melitta Benz erfand die Kaffee-Filtertüte (patentiert 1908). 1936 brachten die Ihagee-Kamerawerke Steenberger & Co die erste Spiegelreflexkamera der Welt auf den Markt.

Die ehemalige Zigarettenfabrik Yenidze, die sich Dresdens Tabakkönig Hugo Zietz 1907/12 errichten ließ und nach einer türkischen Tabakstadt benannte, erinnert noch an die Pros-

Fliesenpracht in Pfunds Molkerei

Zahlstelle
Foto- und Videoau
sind nicht gest
Girolle

perität der Zeit, da von hier ein Drittel der in Deutschland gerauchten Zigaretten kam. – Die zu DDR-Zeiten produzierten Marken F 6 und Karo kommen noch heute aus Dresden.
Pfunds Molkerei (Bautzner Straße 79) gibt's jetzt wieder, nicht als Museum, sondern als „schönsten Milchladen der Welt“.
Heute ist die Region Dresden-Freiberg-Chemnitz mit 16000 Beschäftigten in der Chipindustrie ein Hochtechnologiezentrum von internationalem Rang, auch ein Standort sächsischer Spitzenforschung (u.a. Medizin und Pharmazeutik). Und die Volkswagen AG hat im Zentrum beim Großen Garten 2001 eine „Gläserne Manufaktur“ zur Herstellung der Nobelkarosse „Phaeton“ eröffnet.

Dresden und der Sport

„Ein Jahr, bevor ich zur Schule kam, wurde ich, mit knapp sechs Jahren, das jüngste Mitglied des Turnvereins 'Zu Neu- und Antonstadt' ... “

Erich Kästner (1899-1974; geboren in der Königsbrücker Straße 66)

Schwimmen

Ältester Volkssport war natürlich das Schwimmen in der Elbe, und deshalb entstand schon 1773 ein „schwimmendes Elbbad“ und gleich danach „des Herrn Accisrath Linkens Bad bey Neustadt Dresden“ an der Einmün-

dung der Prießnitz (Standort: etwa Diakonissenhaus). 1826 eröffnete eine „Schwimmlehranstalt“ für Herren, ein erstes Frauenbad entstand 1873. Um 1900 gab es 17 schwimmende, aus hölzernen Baracken und abgeteilten Bassins bestehende Elbbäder, die meisten auf der Neustädter Seite, betrieben von Mai bis September, im Winter abgebaut. – 1922 wurde das Baden auch außerhalb der Anstalten freigegeben. „An günstigen Tagen tummeln sich Zehntausende … Das Badeleben erstreckt sich bis in das Herz der Stadt.“
Da der Elbstrom aber immer mehr zur Müllkippe der Industrie verkam, fand der Spaß jedoch bald nur noch geteil-

RUDOLF-HARBIG-STADION

te Freude, ganz eingestellt wurde er im Krieg.
Heute findet alljährlich im Sommer wieder das Elbschwimmen statt.

Der DSC

Der 1898 gegründete und seit 1919 im Ostragehege beheimatete Dresdner Sportclub (DSC) brachte einen Mittelstreckenläufer von aufsehenerregender Klasse hervor: Rudolf Harbig (1913-1944). Unter seinen vielen Weltrekorden, die er bis 1939 lief, war jener legendäre, den er am 15. Juli 1939 in Mailand beim Länderkampf Italien-Deutschland aufstellte und der erst 1955 gebrochen wurde – 800 m in 1:46,6 Minuten.
Zu den Stars des DSC gehörten natürlich die Fußballspieler, in den

30er/40er Jahren zählten sie zur deutschen Spitzenklasse, gewannen 1940 und 1941 den DFB-Pokal, 1943 und 1944 die Deutsche Meisterschaft. Überragender Spieler war Richard Hofmann (1906-1983), der 1927 aus Meerane zum DSC gekommen war und den alle Welt bald nur noch „König Richard" nannte. Er war an allen Erfolgen seines Clubs beteiligt, aber auch an 25 Länderspielen.

Ein Dresdner Kunsthändlersohn, der 1932 zum DSC kam, machte mehrfache Karriere – beim DSC und in 16 Länderspielen. Sein Name: Helmut Schön (1915-1996). Als Trainer der bundesdeutschen Nationalelf schrieb er 1964/78 das wohl erfolgreichste Kapitel in der Geschichte des deutschen Fußballs.

Gastronomische und andere Vergnügungen

„In welche Himmelsrichtung man mit der Straßenbahn auch fuhr und an welcher Endstation man auch aus dem Wagen kletterte, überall stand man tief in der Landschaft und mitten im Glück.“

Erich Kästner

Noch 1944 zählte man in Dresden und seiner nächsten Umgebung 68 Hotels, 884 Gaststätten, 27 Weinlokale und 85 Cafés/ Konditoreien. Die

Speisekarten werden da sicher nicht mehr üppig gewesen sein, und Lebensmittelmarken mussten ja auch in Gaststätten abgegeben werden.
Um 1900, als Dresden jährlich von 300 000 Fremden besucht wurde (1910 schon von 450 000), gab es hier etwa 3000 Gastwirtschaften aller Art und Größe. Dazu gehörten das 1842 auf der Brühlschen Terrasse eröffnete Nobelrestaurant „Belvedere“, „Helbig's Etablissement“ (heute Italienisches Dörfchen), mindestens drei Gaststätten mit „gehobener bürgerlicher Küche“ am Postplatz, die mit 1 200 Plätzen größte Dresdner Gaststätte „Bärenschenke“ (seit 1887; Webergasse) und jede Menge Wirtschaften in den grünen Oasen.
Das zur DDR-Zeit größte Restaurant

war die 1967 eröffnete Großgaststätte „Am Zwinger", von Einheimischen und Fremden nur „Fresswürfel" genannt. Hier stand bis 1964 die zwar kriegsversehrte, aber wiederherstellbare „protestantische Hofkirche", die Sophienkirche, Friedemann Bach war hier Organist gewesen.

Der sächsische Hof hat übrigens zur deutschen Küche wenig beigetragen. August der Starke, der als 17jähriger erstmals in Versailles weilte – zu einer Zeit, als dort „die mittelalterliche Viel- und Allesesserei" bereits ihr Ende gefunden hatte – importierte die feine französische Küche. Im Dresdner Schloss hat es 1754 sogar ein Wettkochen nach französischen Rezepten gegeben, die Herrschaften von Adel kochten selbst ...

Feste

Der „normale" Dresdner liebt bis heute drei ganz andere Feste: erstens die *Vogelwiese*, zweitens den *Striezelmarkt*, drittens das seit 1971 alljährlich stattfindende *Dixielandfestival* (dabei geht's zu, wie sonst wohl nur noch in New Orleans).

„Vogelwiese" heißt der ursprünglich als Pfingstschießen, aber seit 1874 im Sommer als allgemeines Volksfest abgehaltene Trubel, der Alt und Jung auf die Johannstädter Elbwiesen bringt – ein Rummel mit Karussels und Glücksbuden, aber auch mit Altdresdner Originalen wie der Vogel-Marlise und der Eierhanne.

DER ECHTE DRESDNER CHRISTSTOLLEN

Striezelmarkt

Das schönste aller Dresdner Feste ist der Weihnachtsmarkt, „Striezelmarkt" genannt. Es gibt ihn seit 1434, allerdings durfte er anfangs nur „am Tage vor dem Heiligen Christabend" abgehalten werden und diente ausschließlich der Versorgung mit Christstollen

(„Striezel"). Zu den traditionellen Waren des Striezelmarktes gehört seit Anfang des 19. Jahrhunderts der „Pflaumentoffel", ein Glücksbringer in Form eines Schornsteinfegers, der hauptsächlich aus Backpflaumen besteht, und seit uralten Zeiten der Dresdner Christstollen.

Der war bis 1490 ein Fastengebäck, bloß aus Mehl, Hefe und Wasser. Erst der „Butterbrief"von Papst Innozenz gestattete es den sächsischen Untertanen Butter und Milch zu verwenden. Trotzdem blieb der Stollen noch immer ein kärgliches Gebäck. Zu dem heute gerühmten Dresdner Christstollen konnte er erst werden, als Zucker, Rosinen, Mandeln, Zitronat erschwinglich wurden, also erst seit dem 19. Jahrhundert.

Vom Hauptbahnhof in die Altstadt, nach Neustadt und ringsherum

Prager Straße

Sie führt bis zum Ring, dem ehemaligen Festungsgürtel; 1851 angelegt, 1900/45 Hauptpromenierstraße der „elegantesten Welt Dresdens", auch „eng und gemütlich"; mit Kinematographischem Theater und „Residenzkaufhaus" (seit 1912; Ecke Waisenhausstraße).

Nach der totalen Zerstörung Aufbau der neuen Prager Straße 1965/74 in Plattenbauweise; seit der Wende Kaufhausneubauten, Sanierung der Betonbauten begonnen.

Kreuzkirche (früher Nikolaikirche)

Hauptkirche der Stadt. Durch Brand und Krieg mehrmals zerstört, die heutige neobarocke Form seit 1900, Turm 92 m hoch, Aussichtsplattform 54 m; 1945 brannte sie aus (das Geläut, zweitgrößtes in Deutschland blieb erhalten); am 13. Februar 1955 wiedergeweiht; 1989 Zentrum der friedlichen Revolution in Dresden.
Nahe bei der Kirche stand seit Jahrhunderten die Kreuzschule, an der Chor- und Meßknaben ausgebildet wurden, aus denen der Kreuzchor hervorging; das letzte Gebäude (von 1864/65) brannte 1945 aus.

Altmarkt

1370 erstmals erwähnt, seit 1550 unter dem Namen Altmarkt. Der

Markt, nur 104 m im Geviert, war einst dicht umbaut, bis 1707 stand das erste Rathaus von 1380 hier und hinter den Häusern bis 1945 die Kreuzkirche.

1849 Zentrum des Dresdner Maiaufstandes – gleich danach wurde die ganze Innenstadt bis in die 1920er Jahre zur Bannmeile erklärt.

Märkte wurden hier abgehalten, bis zur Errichtung des Zwingers auch höfische Turniere und Feste. Im Februar 1945 blieb hier nichts.

„Auf dem Altmarkt hatte man die Toten zusammengetragen in den Tagen darauf; zusammengekarrt aus allen Stadtteilen... Dann wurden die Menschen verbrannt...

Wilhelm Rudolph (1889-1982; Maler, Grafiker und Holzschneider; seit 1908 in Dresden)

Rathaus

Sandsteinverkleidetes imposantes Bauwerk von 1905/10, Grundfläche 4000 m^2; nach den Kriegszerstörungen vereinfacht, aber nobel wiederhergestellt. Begehbarer Turm 100 m hoch, auf ihm der 4,90 m große goldene Rathausmann.

Deutsches Hygienemuseum

Das Deutsche Hygienemuseum wurde 1930 eröffnet – bezahlt hat es der Unternehmer Karl August Lingner, denn er hinterließ 1916 die Lingner-Stiftung mit 6,4 Mill. RM Aktienkapital für den Bau eines solchen Museums; bereits zur Eröffnung mit dem Modell der „Gläsernen Frau".

ALTMARKTGALERIE

ZARA
extra express
Sport-Scheck
Fielmann
SATURN

Bürgerwiese

Seit 1835 öffentliche Anlage (gestaltet nach Plänen von P. J. Lenné), schönster Schmuck der Mozartbrunnen, der aber nicht Mozart darstellt, sondern drei vergoldete Figuren umtanzen eine mit den Buchstaben MOZART geschmückte Marmorsäule.

Der **Große Garten** ist mit knapp 2 km² die größte Parkanlage der Stadt; seit 1676 für fürstliche Vergnügen angelegt, nach 1720 sogar ummauert. 1814 wurde er für die Bevölkerung geöffnet; seine heutige Gestalt als Landschaftsgarten erhielt er nach 1873. – Im Großen Garten: Zoo, Botanischer Garten, Gläserne Manufaktur u.a.

„Die Zeit entführt die Schönheit", Skulptur von Pietro Balestra im Großen Garten

Kulturpalast

1969 von der Dresdner Philharmonie unter Kurt Masur eröffnet; 2400 Plätze.

Frauenkirche

Wahrzeichen der Stadt Dresden, erbaut von George Bähr (1666-1738). Er plante eine Kirche ganz aus Stein, auch die Kuppel. Nach vierjähriger Vorbereitung 1726 Grundsteinlegung, geweiht wurde der Bau 1734, vollendet aber erst 1743, nach Bährs Tod. Sie ist der bedeutendste protestantische Kirchenbau Deutschlands.

AUSSCHNITT AUS DEM GEMÄLDE „DER NEUMARKT IN DRESDEN VOM JÜDENHOF AUS" VON BELLOTTO (CANALETTO), ZWISCHEN 1749-1751

Auf einer Fläche von 45 x 45 m erhebt sich der Bau mit der steinernen Kuppel und der Laterne 95 m hoch, Kuppeldurchmesser 23,5 m.
Auch diese Kirche wurde ein Opfer des Krieges, jahrzehntelang mahnte die Ruine. Am 13. Februar 1990, rief eine Bürgerinitiative zum Wiederaufbau der Kirche auf. Spendengelder, Sachverstand, Engelsgeduld, handwerkliches Können und moralische Unterstützung vieler haben möglich gemacht, was unmöglich schien – am 31. Oktober 2005 wird das Gotteshaus geweiht.

Landhaus

Von den historischen Gebäuden an der Wilsdruffer Straße blieb 1945 nur das Landhaus; 1770/75 für die

Landstände Sachsens errichtet; nach dem Wiederaufbau (1963/65) nun Museum der Stadt Dresden.

Coselpalais

1762/64 für den Grafen und General Friedrich August Cosel, den Sohn der Gräfin Cosel und Augusts des Starken, erbaut.

Johanneum

Bis 1855 kurfürstliche Bildergalerie, dann historisches Museum, heute Verkehrsmuseum.

Taschenbergpalais

Das erste große Werk Pöppelmanns; erbaut für die Gräfin Cosel, ab 1719 Wohnsitz für die jeweilige Kurprinzenfamilie; nach 1900 auch mit

Schulzimmern für die Söhne des Königs und ihre Freunde – den Mathematikunterricht erteilte Professor Vieth von Golzenau, der Vater des in Dresden geborenen späteren Schriftstellers Ludwig Renn.

Das Schloss

Auch das im Krieg zerstörte ehemalige Residenzschloss wird wiedererstehen – als Museumsschloss. Das Neue Grüne Gewölbe, die Schatzkammer der Wettiner, ist bereits in zehn Räume seines alten Platzes zurückgekehrt, auch der Hausmannsturm ist fertiggestellt und wieder begehbar. 2010 soll der Wiederaufbau geschafft sein.

STADTSILOUETTE MIT STÄNDEHAUS, RESIDENZSCHLOSS UND HOFKIRCHE

Fürstenzug

Er ist ein 102 m langer, 7 m hoher Wandfries aus 25 000 Meißner Porzellankacheln an der Außenwand des Langen Ganges am Stallhof. Dargestellt sind (in anderthalbfacher Lebensgröße) alle Regenten des Hauses Wettin seit Konrad dem Großen. Ihnen folgen Vertreter von Kunst, Wissenschaft, Technik, Schule, Bibliothek – ein bestaunenswertes Bilderbuch. Geschaffen hat es der Akademieprofessor Wilhelm Walther (1826-1913) aus Anlass der 800-Jahr-Feier des Hauses Wettin, zuerst in Sgraffitotechnik. Wegen der bald aufgetretenen Schäden beschloss man 1906 die Übertragung auf Porzellankacheln. Den Krieg haben sie merkwürdigerweise überstanden.

Hofkirche

Mit 4800 m^2 Grundfläche ist sie die größte Kirche in Sachsen, Turmhöhe 85 m, Baumeister war Gaetano Chiaveri. Errichtet wurde sie für den seit August dem Starken katholischen Hof. In vier Grufträumen die Grablege der Wettiner seit Kurfürst Friedrich August II.

Zwinger

Ein Höhepunkt der europäischen Barockarchitektur; zwischen 1711 und 1728 von Matthäus Daniel Pöppelmann gebaut; Plastik von Balthasar Permoser u.a. Der Name Zwinger leitet sich von der nahen Bastion der Stadtbefestigung ab. Man hat die Anlage auch „Festsaal unter freiem Himmel" genannt; ab 1728 Nutzung als Sammlungs- und Bibliotheksgebäude, ab 1819/ 20 entstehen Gartenanlagen und Zwingerteich. Der eigentliche Haupteingang zum Zwingerhof ist das prächtige Kronentor mit der zwiebelförmigen Kuppel, auf der vier vergoldete polnische Adler die Königskrone tragen. Den baulichen Abschluss fand die Zwingeranlage erst 1847/55 mit der Errichtung der Sempergalerie an der Elbseite.

Theaterplatz und Semperoper

Der große Städtebauer Gottfried Semper (1803-1879) wollte hier eigentlich ein Forum anlegen, das den Zwingerhof einbezog. Die künftige Hauptachse sah er zwischen Kronentor und Elbe, die noch zu errichtenden Bauten sollten sich entsprechend

einreihen. Verwirklichen konnte er nur den Bau des Königlichen Hoftheaters, das 1841 eröffnet wurde. Ein Brand zerstörte 1869 diese erste Semperoper. Gottfried Semper erhielt den Bauauftrag für ein neues Theatergebäude. Die Bauleitung überließ er seinem Sohn Manfred Semper – er selbst hatte Dresden nach den Maiunruhen 1849 verlassen müssen, denn er war damals unter den Revolutionären gewesen.
Am 13. Februar 1985 wurde die Semperoper mit Carl Maria von Webers in Dresden-Hosterwitz komponierter Oper „Der Freischütz" wiedereröffnet.

THEATERPLATZ MIT SEMPEROPER
UND REITERSTANDBILD KÖNIG JOHANNS

Reiterstandbild König Johanns

Aufgestellt 1889; man nannte den König auch „der Gelehrte auf dem Thron" - unter dem Pseudonym Philaletes (Freund der Wahrheit) übersetzte er Dantes „Göttliche Komödie".

Brühlsche Terrasse

Sie erstreckt sich am Altstädter Elbufer auf Resten der mittelalterlichen Festung, deren Kasematten seit 1990 wieder zugänglich sind, und kam als Geschenk des Kurfürsten an den Minister Heinrich Graf von Brühl.

Öffentliche Anlage seit 1814, als auch die schöne, 15 m breite Freitreppe entstand; wegen des herrlichen

KUNSTAKADEMIE („ZITRONENPRESSE") MIT SEMPERDENKMAL UND FRAUENKIRCHE

Ausblicks, den man von hier auf Elbe und Elbtal hat, erhielt das Areal den Beinamen „Balkon Europas".
Das heutige architektonische Gesicht entstand 1887/1906. Zuerst das Albertinum, seit 1965 Heimstätte der „Gemäldegalerie Neue Meister" (von C.D. Friedrich, C.G. Carus, A. L. Richter über M. Liebermann, L. Corinth bis W. Tübke, G. Baselitz, G. Richter). Danach entstand das Gebäude der Kunstakademie (ihrer Kuppelform wegen „Zitronenpresse" genannt). Als letztes Gebäude errichtete Paul Wallot (Architekt des Berliner Reichstages) das Ständehaus.

Italienisches Dörfchen

Es hat seinen Namen von den beim Bau der Hofkirche tätigen italienischen Bauleuten, die sich hier ansiedelten; die heutige Gaststätte (mit Freitreppe zur Elbe) errichtete Hans Erlwein 1911/13.

Synagoge

Die gesetzliche Gleichstellung der Juden erfolgte im Königreich Sachsen erst 1837 (in Preußen 1812). Aber nur in Leipzig und Dresden gestattete man ihnen, sich in einer Gemeinde zusammenzuschließen, sich ein Bethaus zu bauen.

Die Gemeinde bat Gottfried Semper, der den Auftrag übernahm und unweit des heutigen Albertinums für ein Honorar von nur 500 Talern das Gotteshaus errichtete. Am 8. Mai 1840 erfolgte – im Beisein aller Staatsminister – die feierliche Weihe;

der Bau fasste 500 Menschen. – In der Pogromnacht vom 9. zum 10. November 1938 wurde auch die Dresdner Synagoge zerstört. Am 9. November 2001 wurde die in den Koordinaten des Semperbaus erbaute neue Synagoge geweiht, hinter ihren strengen Mauern hat jetzt auch ein Gemeindezentrum seinen Raum.

Goldener Reiter

Volkstümliche Bezeichnung für das Reiterstandbild Augusts des Starken (von 1736) auf dem Neustädter Markt; als siegreicher Imperator reitet er nach der Neustadt, mit Blick auf sein Königreich Polen; 2003

DIE SYNAGOGE
GOTTFRIED SEMPERS

generalüberholt und mit 500 Gramm Blattgold frisch vergoldet.

Blockhaus

Es steht am Neustädter Kopf der Augustusbrücke; ab 1755 „Neustädter Wache“, 1890 Sitz des sächsischen Kriegsministeriums; 1978/80 rekonstruiert.

Dreikönigskirche

An der Hauptstraße von Dresden-Neustadt; 1732 von Pöppelmann begonnen, 1739 von George Bähr vollendet; 1984/94 Wiederaufbau als „Mehrzweckhaus der Kirche“.

Albertstadt

Am nördlichen Stadtrand Dresdens ließ König Albert – der als begabter

Militär galt und auch preußischer Feldmarschall war – ab 1877 die Albertstadt anlegen. Sie wurde die einst größte und modernste deutsche Garnisonsstadt (Fläche 360 ha, Dienst taten zuerst 12 000, später 20 000 Mann). Nach 1945 Nutzung der kaum zerstörten Garnison durch Sowjetarmee und NVA, heute durch die Bundeswehr. Von allgemeinem Interesse das Militärhistorische Museum am Olbrichtplatz.

Hellerau

Seit 1950 Ortsteil von Dresden; nach dem Flurnamen Heller benannt. Ein Zentrum bürgerlicher Reformbewegung; seit 1898 Sitz der Deutschen Werkstätten für Handwerkskunst (die moderne, praktische, geschmacklich vorbildliche und außerdem noch preiswerte Möbel herstellten), mit 1908 entstandener „Gartenstadt“ für die Belegschaft der Werkstätten. Das 1910/12 von Heinrich Tessenow errichtete „Festspielhaus“ gilt als eine Wiege linksgerichteter, progressiver Kunst – nach 1933, aber auch nach 1945 Kaserne, die Sanierung ist noch nicht abgeschlossen.

Schillerhäuschen

Auf Einladung seines Freundes Christian Gottfried Körner, der als Staatsbeamter in Dresden tätig war, wohnte Friedrich Schiller 1785/87 in dessen Loschwitzer Sommerwohnung (Körnerweg 6) und im fast benachbarten kleinen Gartenhaus des Körnerschen Weinbergs (Schillerstraße 19).

In dem Winzerstübchen (Gedenkstätte) vollendete er den „Don Carlos“ und das „Lied an die Freude“.

Standseilbahn und Schwebebahn Loschwitz

Die Standseilbahn, 1895 erbaut, ist eine der ältesten Bergbahnen Europas. Sie führt von der Talstation am Körnerplatz in den 99 m höher gelegenen Stadtteil Weißer Hirsch. Dort bietet die Veranda der Gaststätte Luisenhof, „Balkon Dresdens“ genannt, einen wunderbaren Blick über die Stadt.
Die Bergschwebebahn, 1898/1900 gebaut, ist die älteste ihrer Art in der

BLICK AUS DER SCHWEBEBAHN VON DER LOSCHWITZHÖHE ÜBER DIE STADT

Welt. Sie nimmt ihren Weg von der Talstation Loschwitz, Pillnitzer Landstraße zur Bergstation Oberloschwitz; erste Inbetriebnahme 1901.

Weißer Hirsch

Stadtteil oberhalb des rechten Elbufers am Südrand der Dresdner Heide, benannt nach einer frühen Weinbergswirtschaft; nach 1874 entstand in der damals noch fast leeren Flur Dresdens nobelster Villenvorort, lange auch mit naturheilkundlichem Sanatorium; seit 1955 auch Standort eines von Manfred von Ardenne (1907-1997) geleiteten Forschungsinstituts (heute Teil des Fraunhofer Instituts).

Dresdner Heide

Innerhalb der Stadtgrenzen gelegenes 50 km² großes, geschlossenes Waldgebiet; diente einst der kurfürstlichen Jagd; größtes Landschafts- und Trinkwasserschutzgebiet Dresdens – trotzdem plante die DDR noch kurz vor ihrem Ende, hier ein Riesentanklager für den Raum Dresden anzulegen.

Schloss und Park Pillnitz

Kam 1694 an August den Starken, er schenkte es 1706 seiner Mätresse, der Gräfin Cosel; als sie „ausgedient" hatte, ließ es August nach Plänen Pöppelmanns zum Wasserpalais umbauen, die anderen Gebäude nach Plänen Pöppelmanns, Longuelunes und Schurichts; die Gartengestaltung als englischer Park geht auf das Jahr 1790 zurück, die Anlage zwischen den Gebäuden entstand ab 1840. – Nicht weit entfernt die Weinbergkirche (Pöppelmannbau von 1725/27). Von 1765 bis 1918 diente Pillnitz als Sommerresidenz der Wettiner; im Zweiten Weltkrieg Auslagerungsort für Dresdner Kunstschätze, 1946 Dresdner Gemäldegalerie; heute Museum für Kunstgewerbe und historische Musikinstrumente.

Moritzburg

Sie hat ihren Namen von Herzog Moritz (dem späteren ersten Kurfürsten), 1542/46 als Jagd- und Lustschloss inmitten von Wäldern, Wiesen und Karpfenteichen erbaut. Die

heute in aller Welt bekannte Gestalt mit den vier Rundtürmen bekam das Schloss durch den Umbau unter Pöppelmann (1723/33); dazu acht Kavaliershäuschen an der Stirnseite der Schlossinsel; Schlossteich von 1730; zwei originale Postdistanzsäulen an der Schlossallee.

Im Zuge der Fürstenabfindung kommt Moritzburg 1924 wieder in den Besitz der Wettiner (bis 1945/46); Ernst Heinrich, drittgeborener Sohn des letzten Königs, lebt hier 1933/45 mit seiner Familie. Auf seine Einladung kommt die vom NS-Regime mit Berufsverbot belegte und verfolgte Bildhauerin, Grafikerin und Malerin Käthe Kollwitz nach Moritzburg. In ihrem Haus, dem Rüdenhof, starb sie am 22. April 1945.

Literaturquellen

Karl Czok: Am Hofe Augusts des Starken, 1989
Rudolf Förster: Damals in Dresden, 1988
Reiner Gross, Geschichte Sachsens, 2001
Erich Haenel, Eugen Kalkschmidt: Das alte Dresden, 1995
Fritz Löffler: Das alte Dresden, 1984
Fritz Löffler: Bernardo Bellotto genannt Canaletto, 1988
Hans Joachim Neidhardt: Dresden wie es Maler sahen, 1983

Aus dem lieferbaren Mini-Angebot

Kochbüchlein

Berlin & Mark Brandenburg kulinarisch
Böhmisches Kochbüchlein
Branntweinbüchlein
Brasilianische Rezepte • Alles vom Ei
Gebackene Desserts • Gemüseraritäten
Gesundes aus dem WOK
Exotische Gewürze • Grillbüchlein
Kaffeebüchlein • Käsebüchlein
Kraut und Rüben • Küchenkräuter
Lieblingskuchen • Likör & Pralinen
Mecklenburg-Vorpommern kulinarisch
Mehlspeisenbüchlein
Neues Fischbüchlein • Neues Nudelbüchlein
Neues Reisbüchlein
Noch mehr knackige Salate
Obstexoten • Ostpreußen-Kochbüchlein
Pommern kulinarisch • Sachsen kulinarisch
Sachsen-Anhalt kulinarisch
Salzbüchlein • Sauerkrautbüchlein